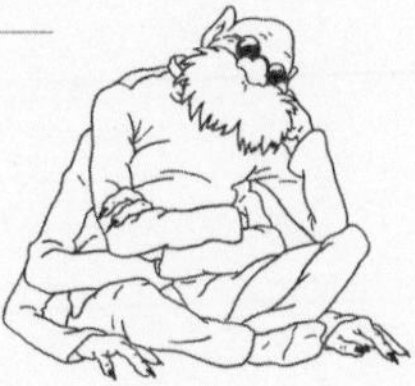

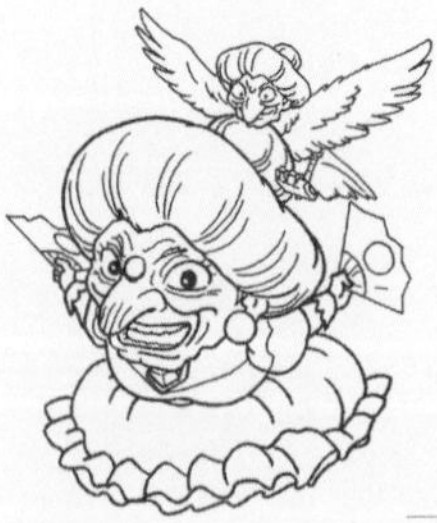

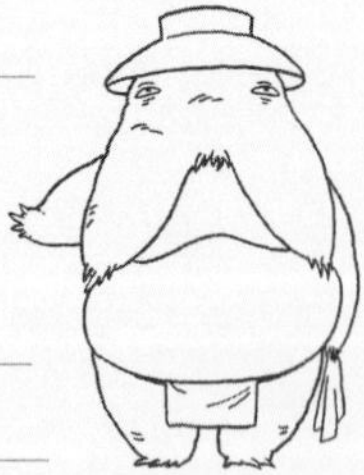

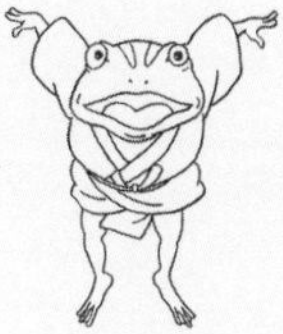

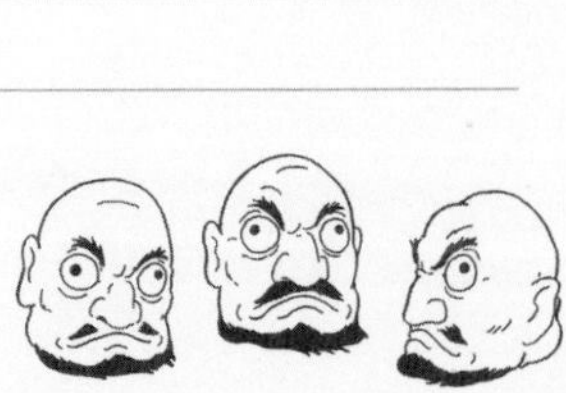

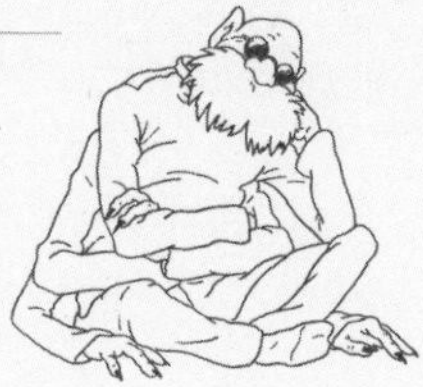

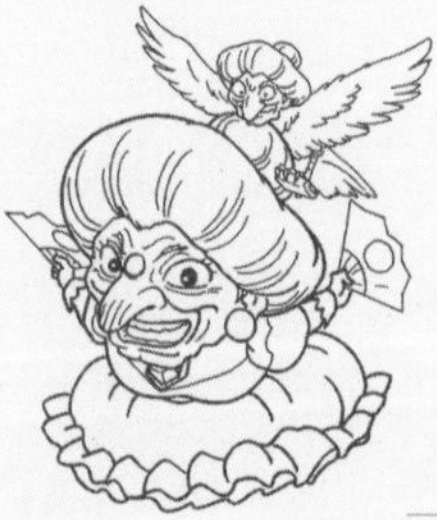

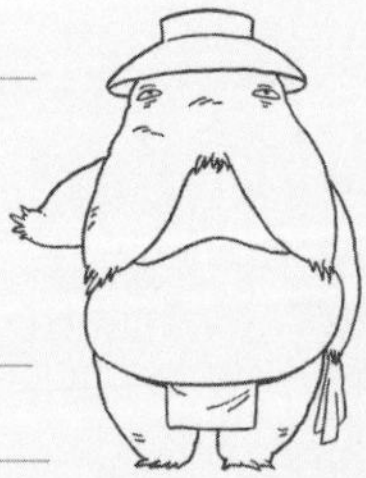

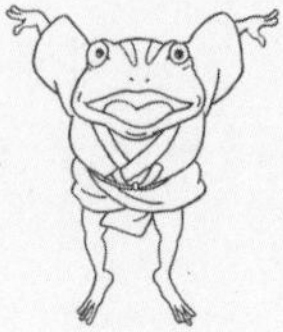

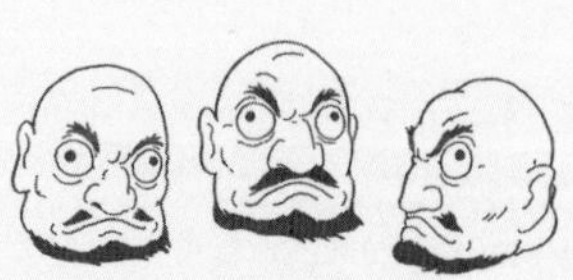

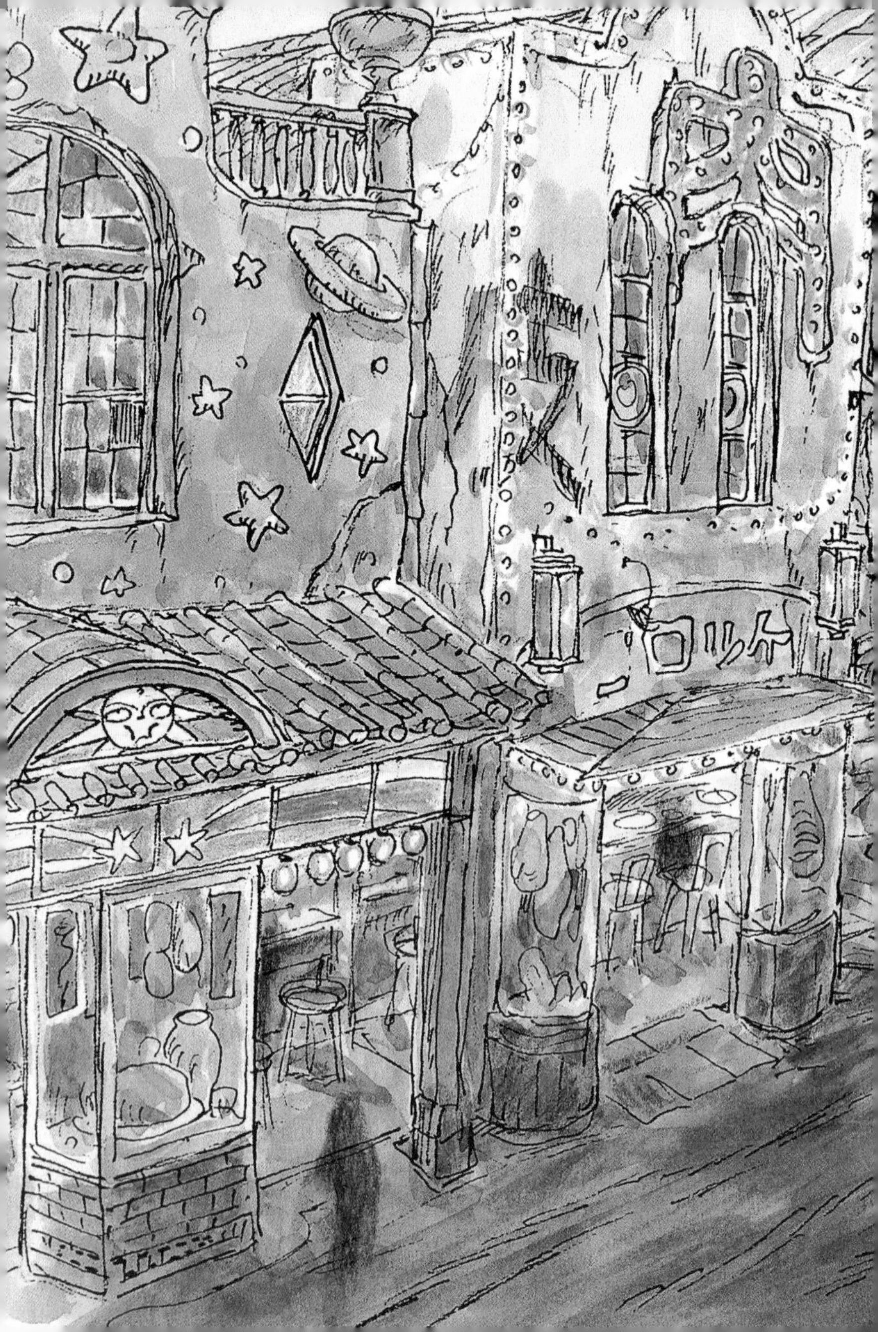

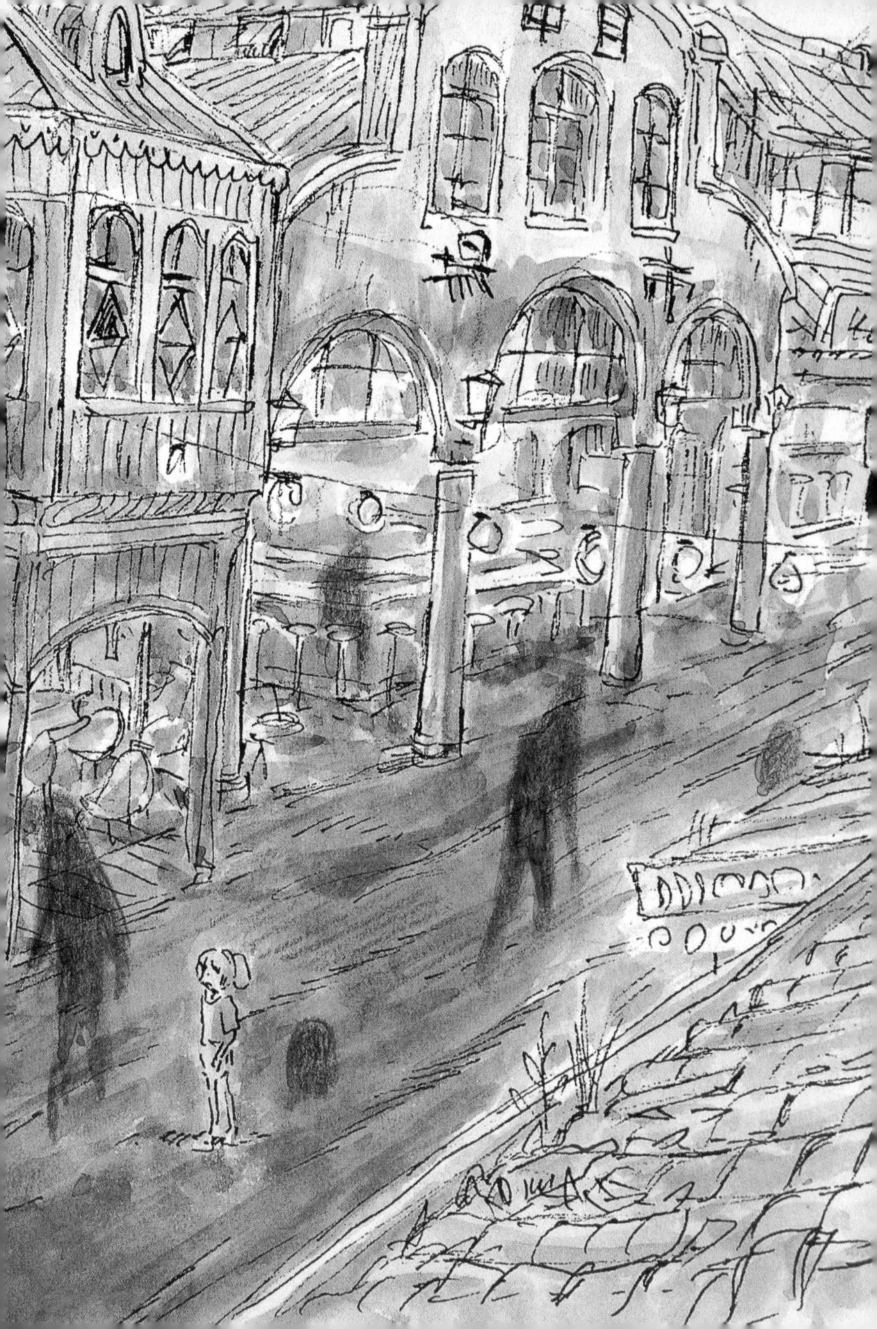

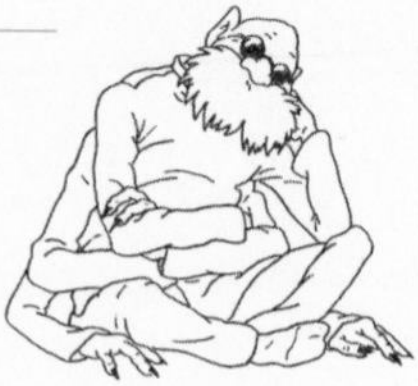

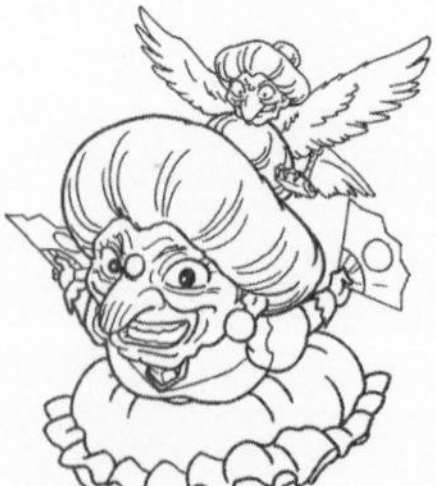

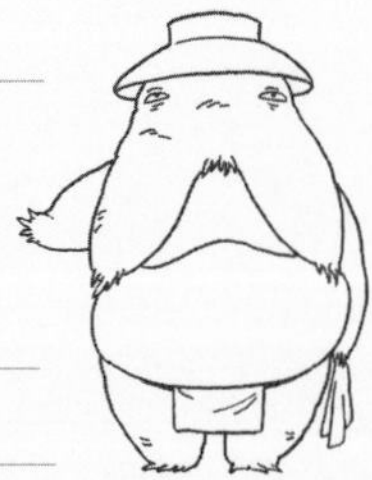

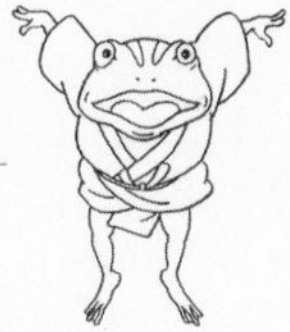

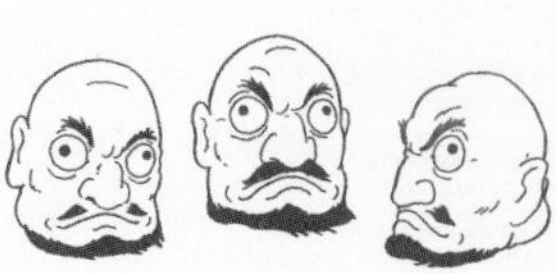

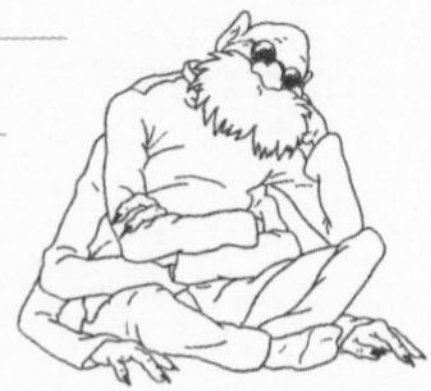

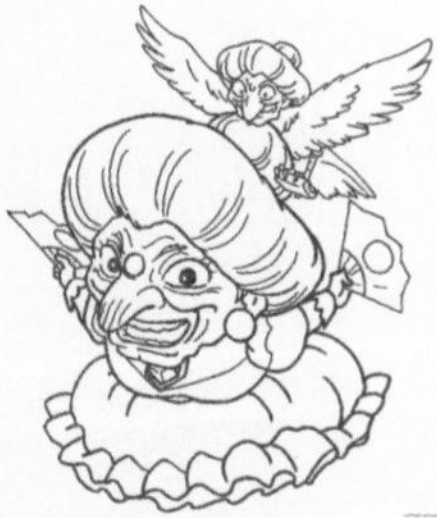

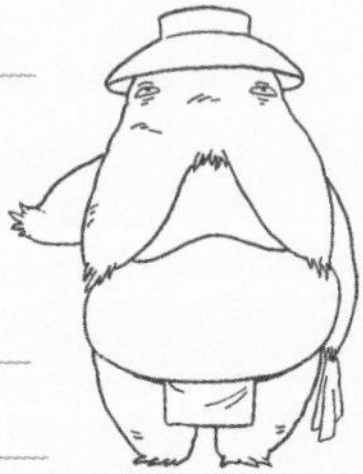

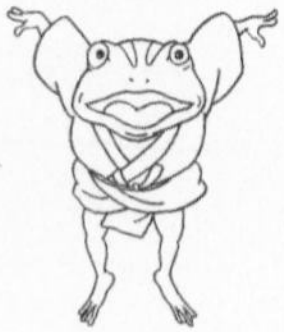

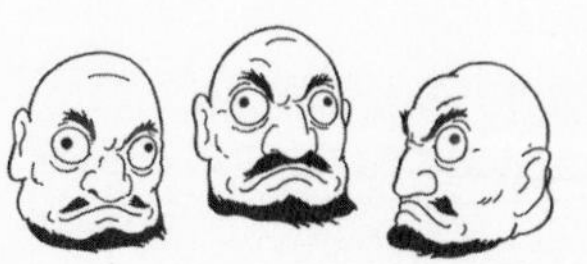

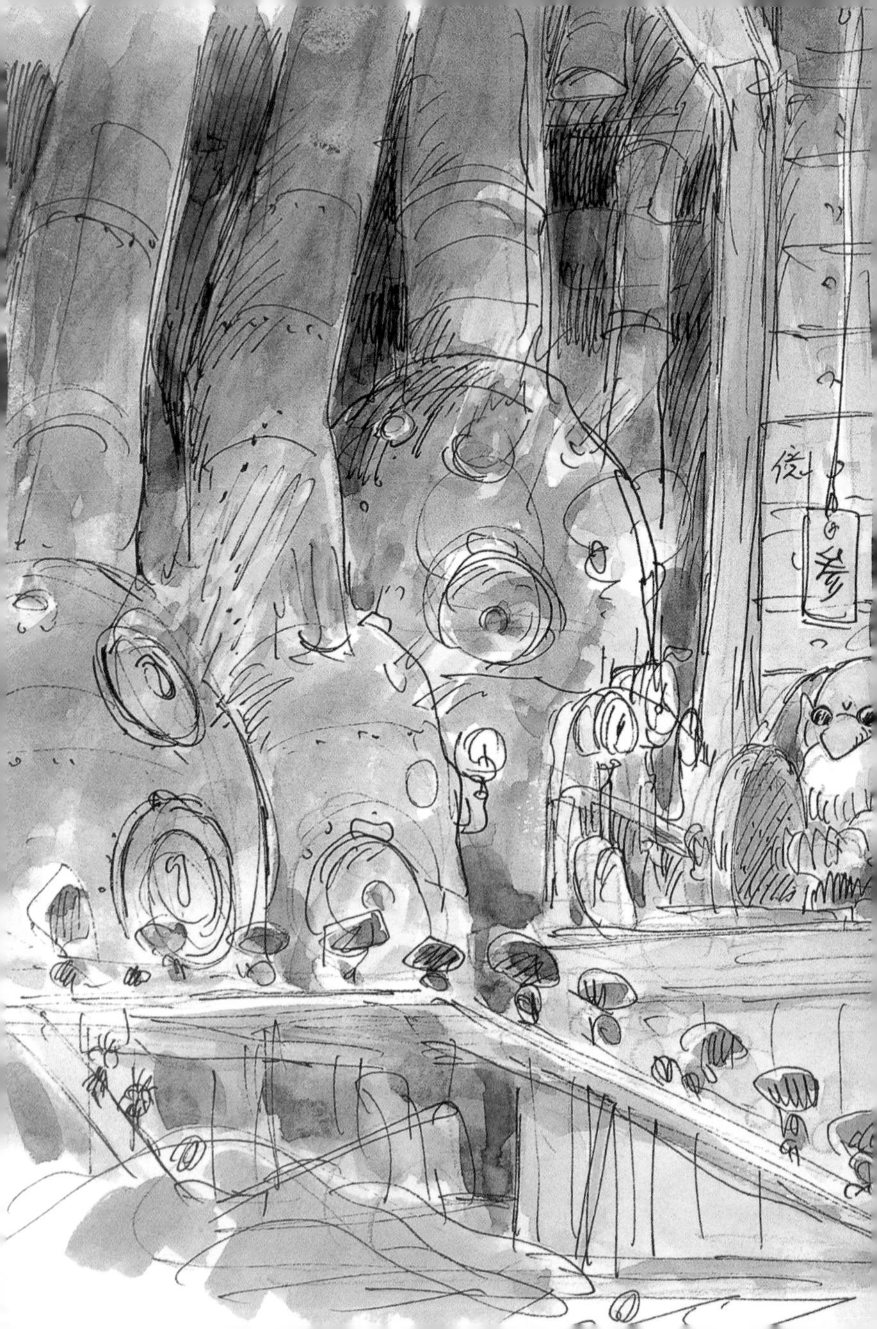

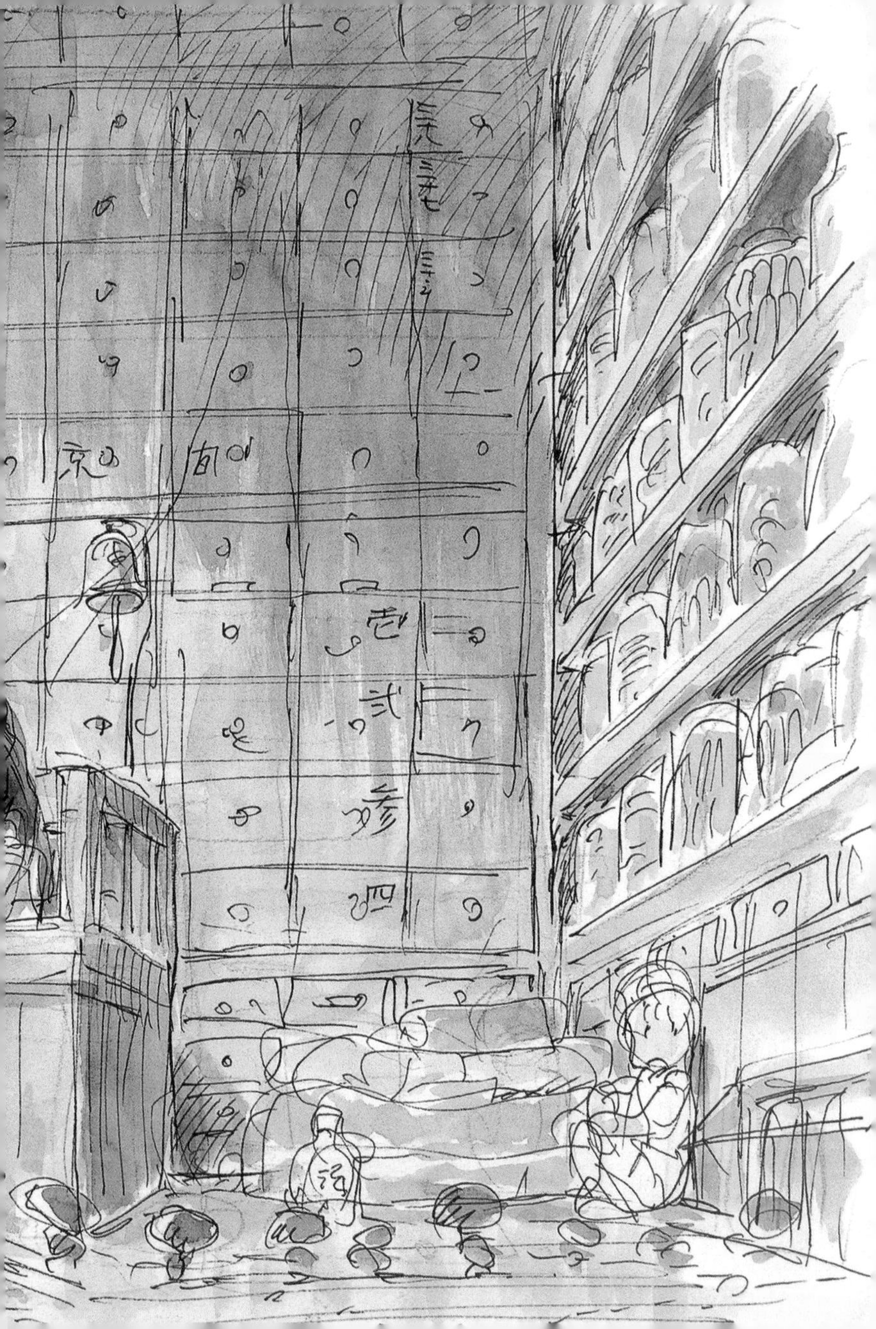
壱
弐
参
四

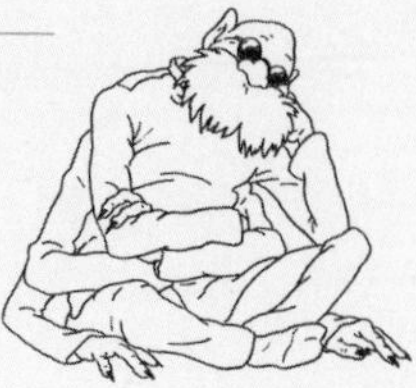

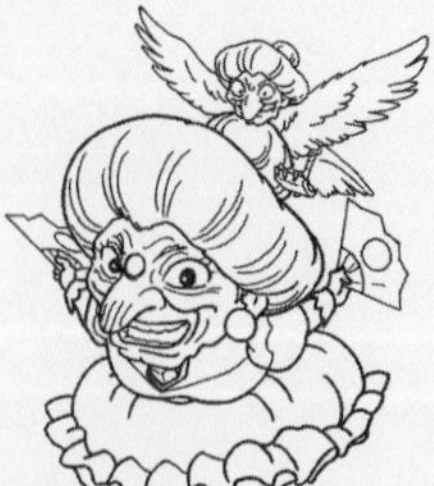

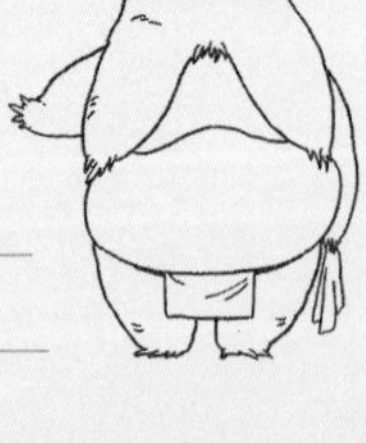

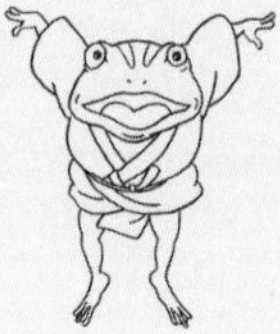

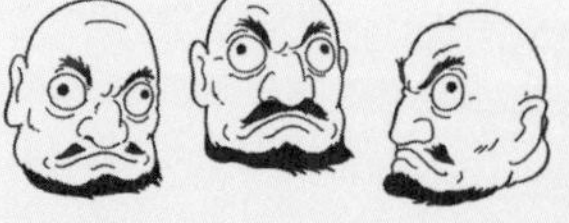

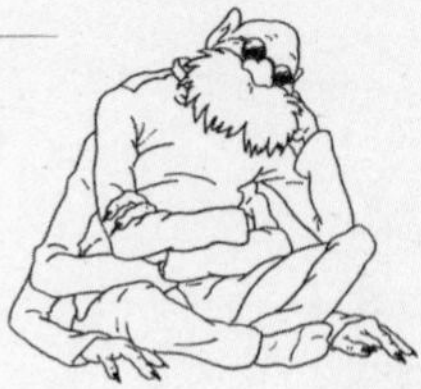

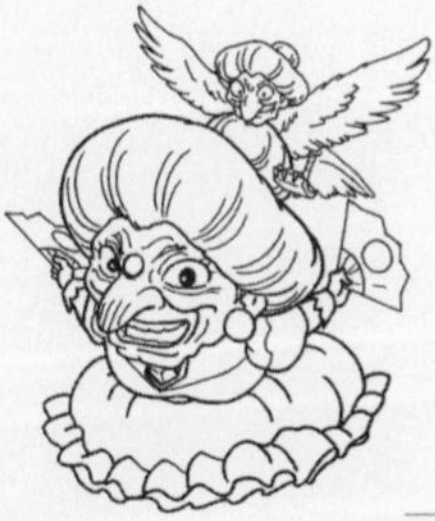

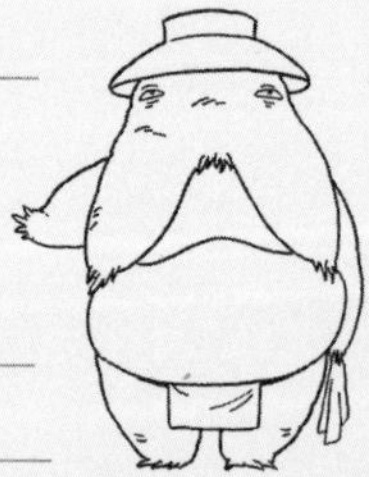

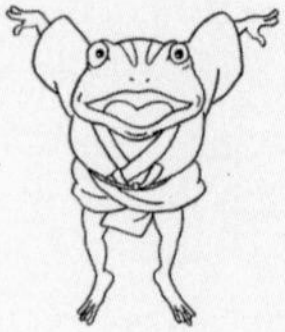

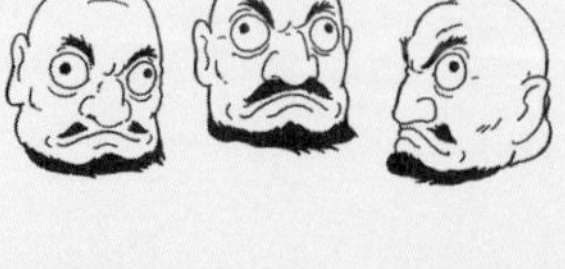

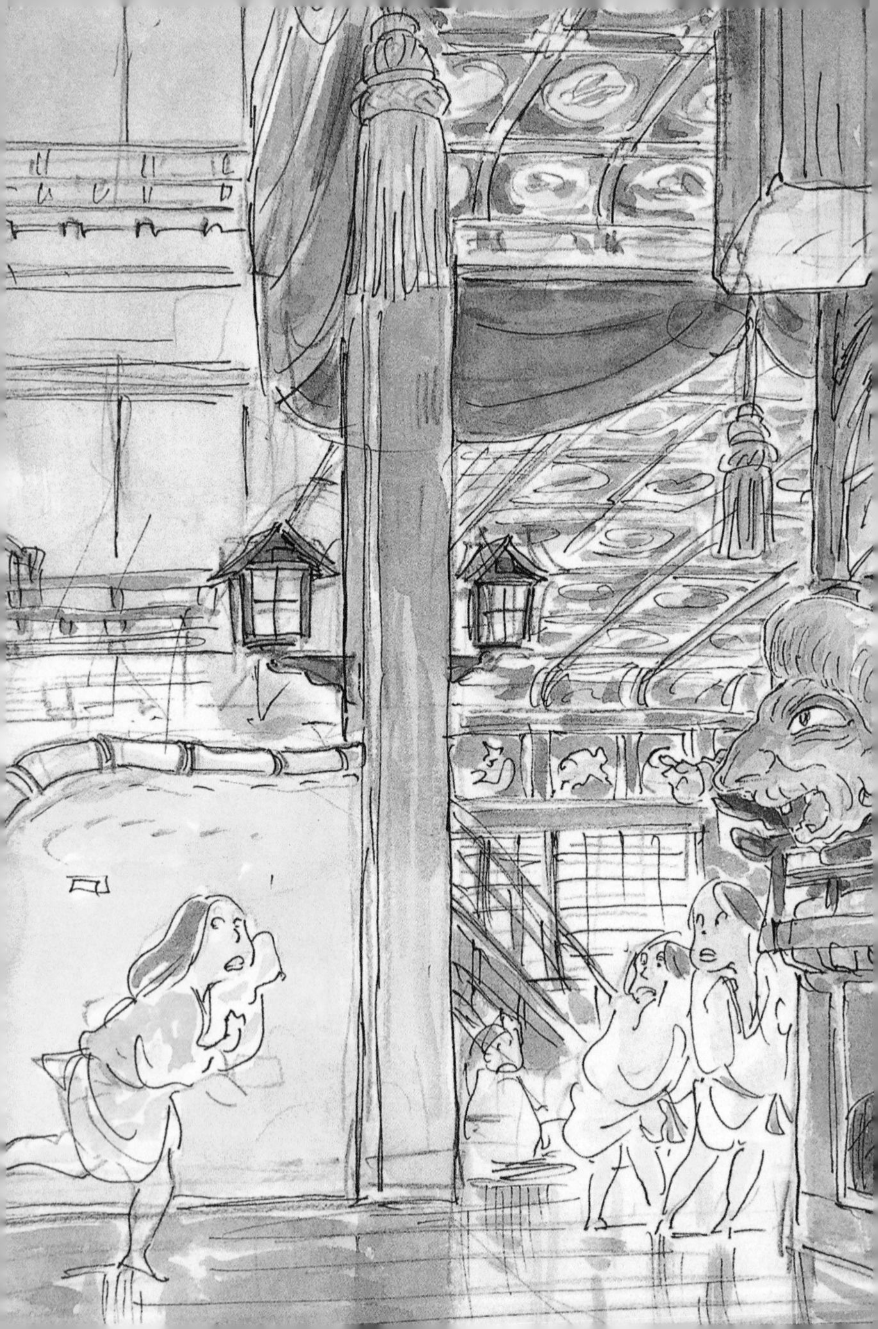

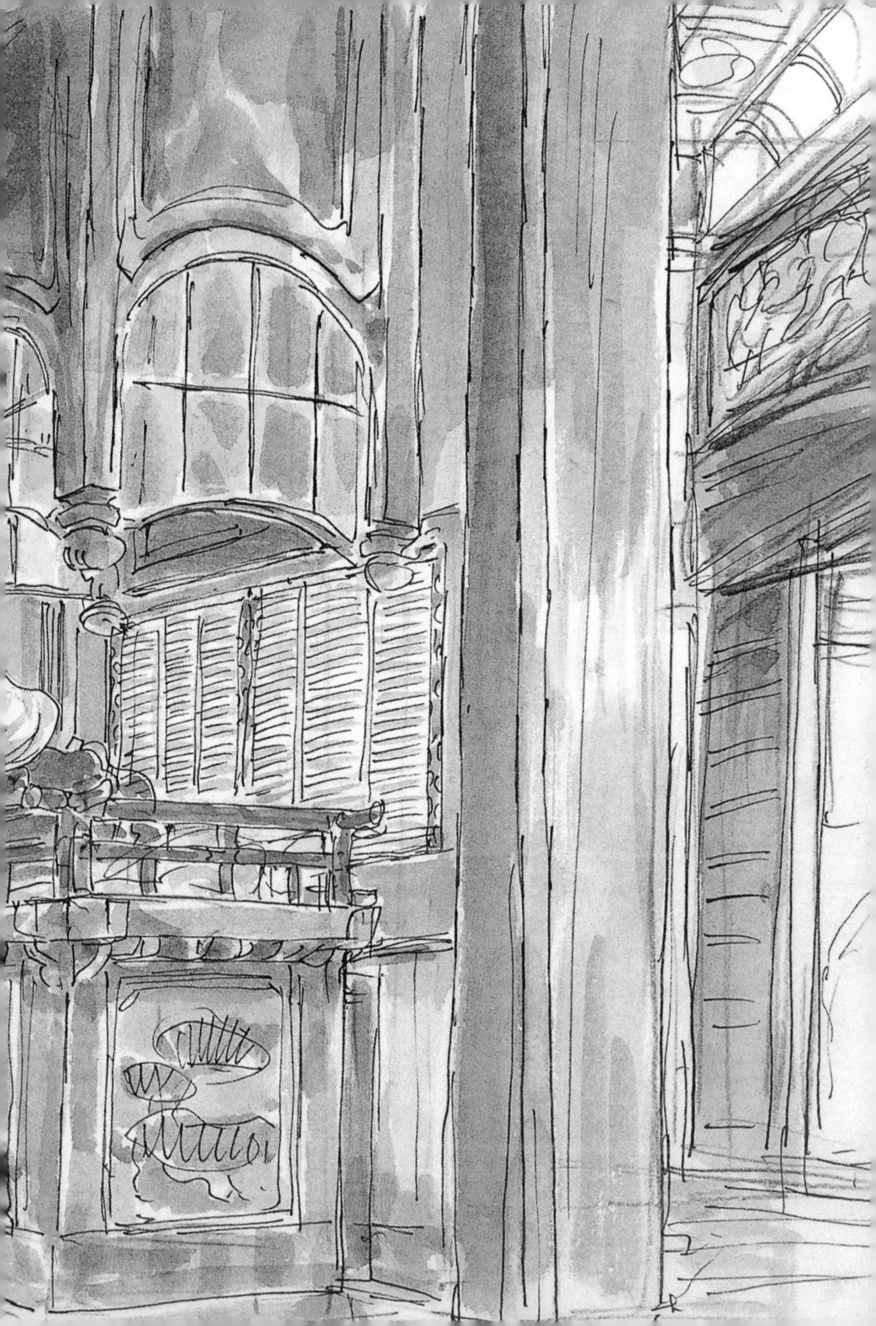

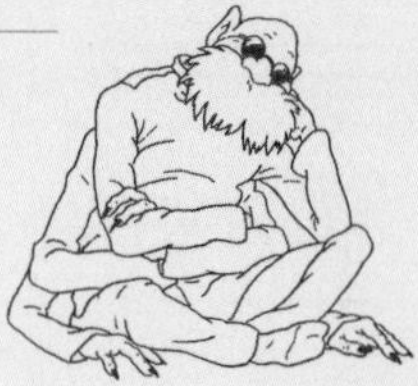

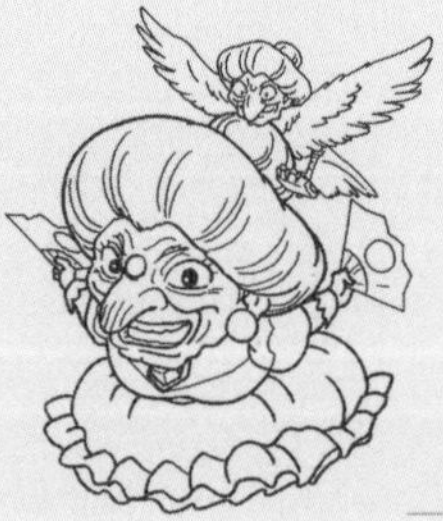

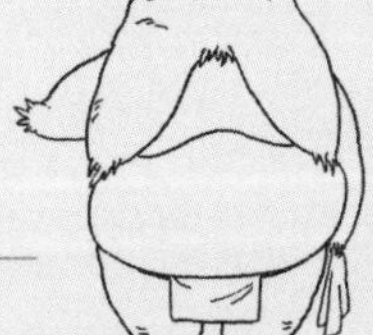

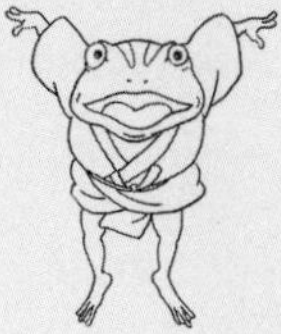

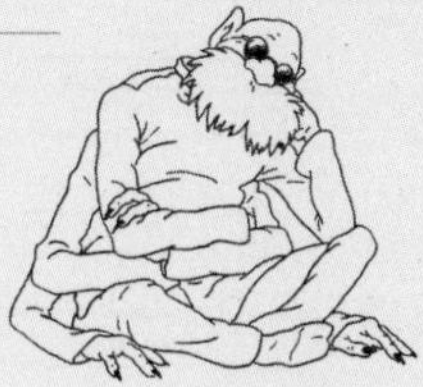

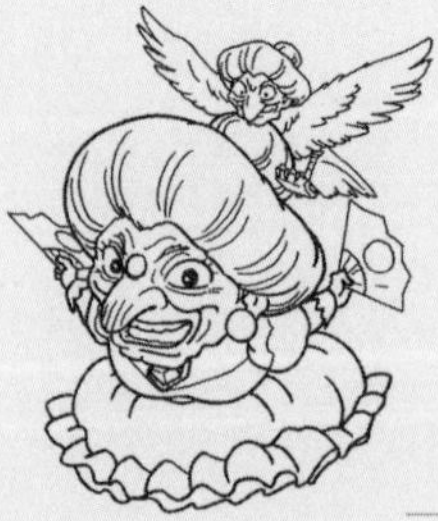

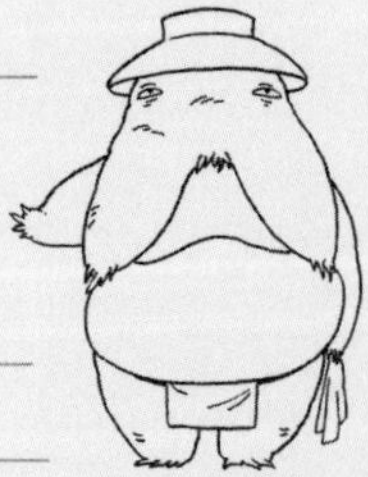

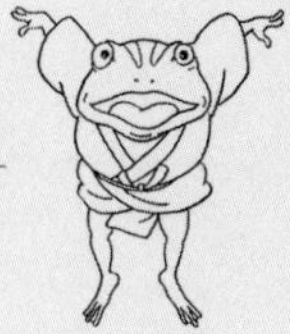

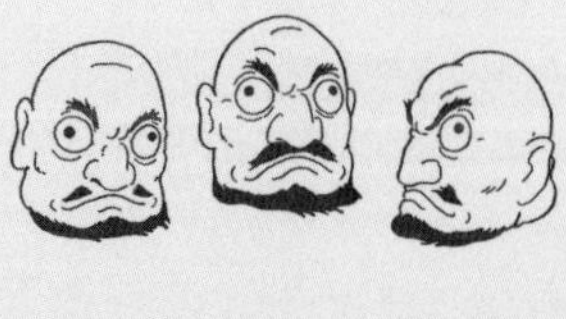

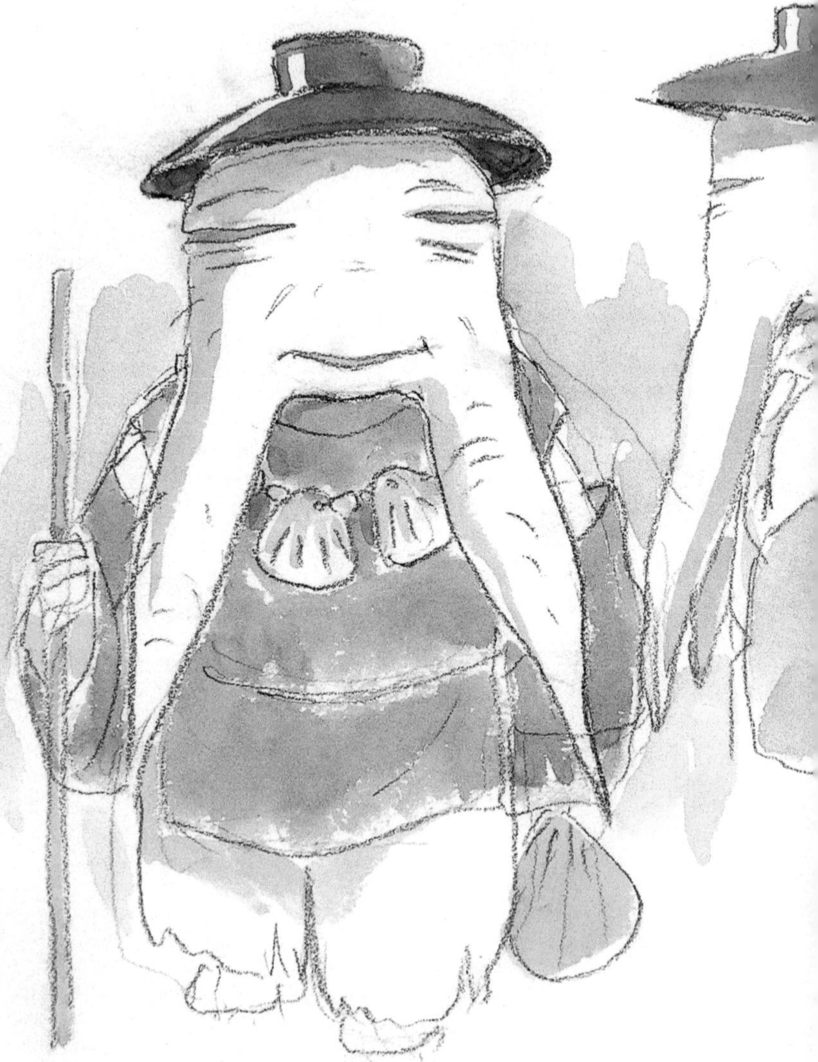

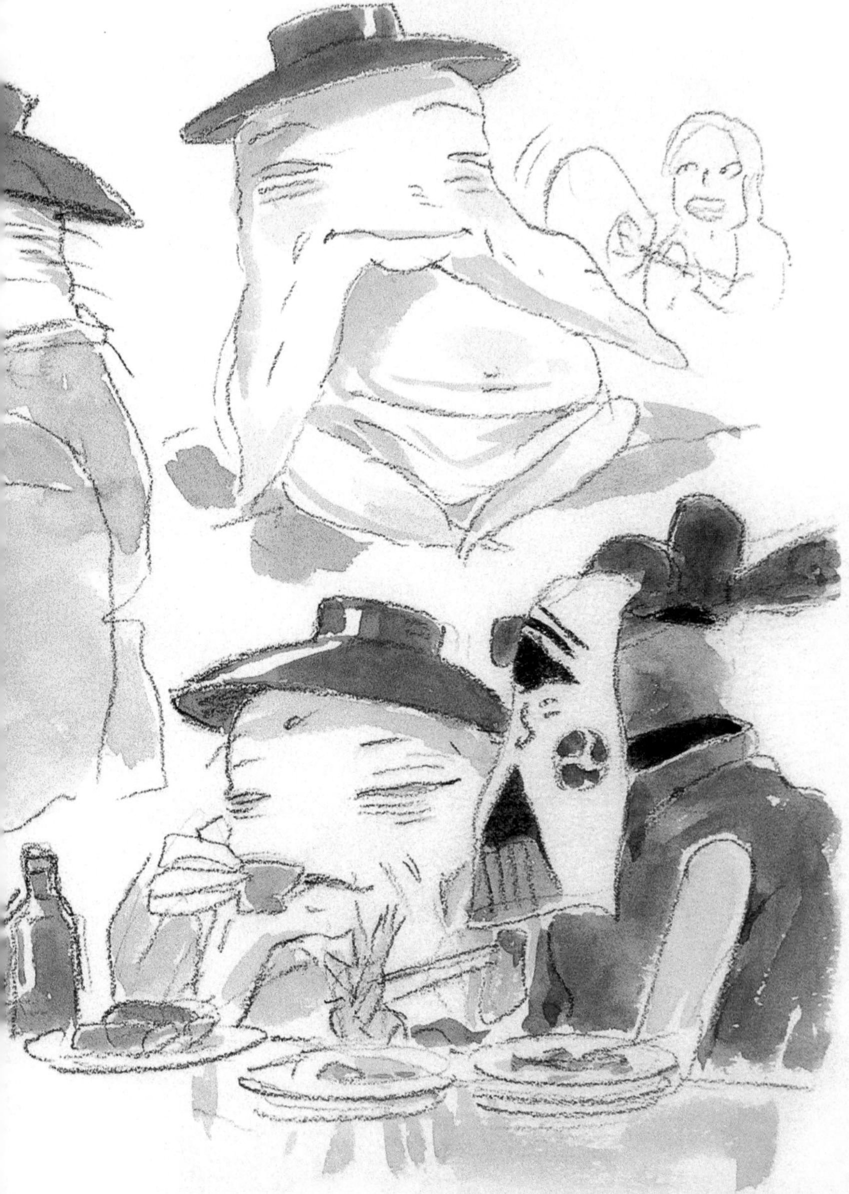

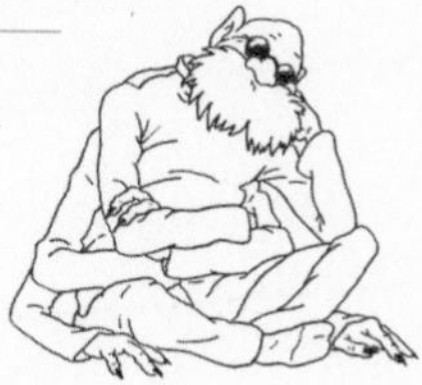

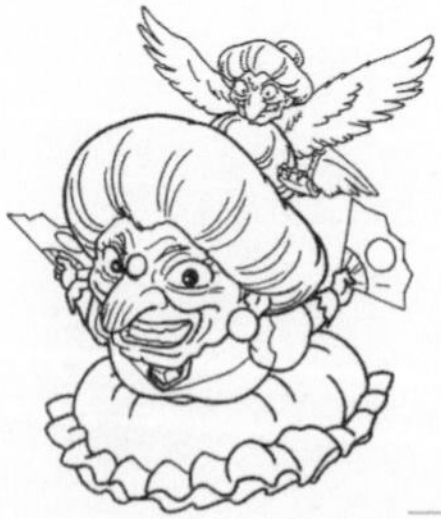

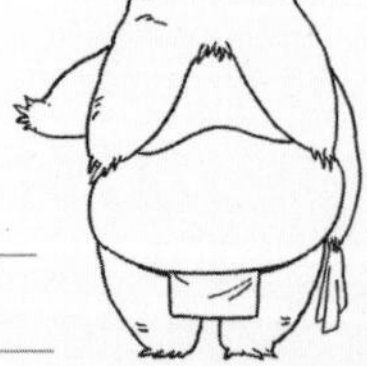

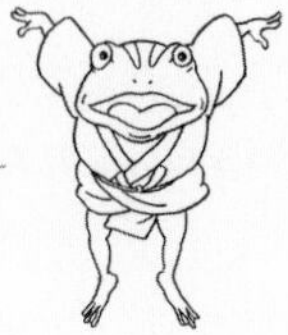

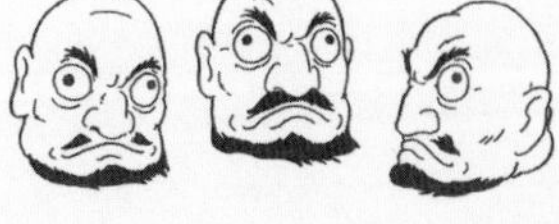

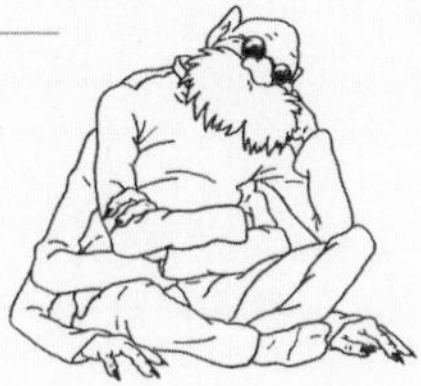

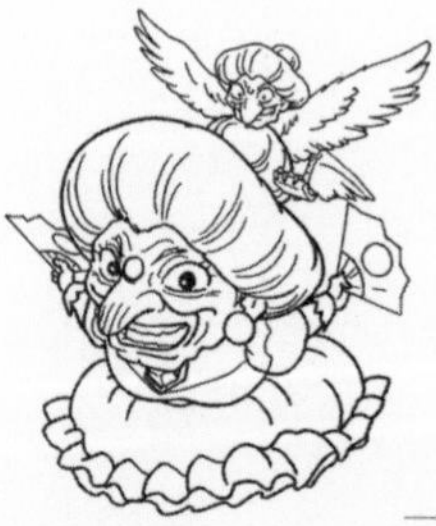

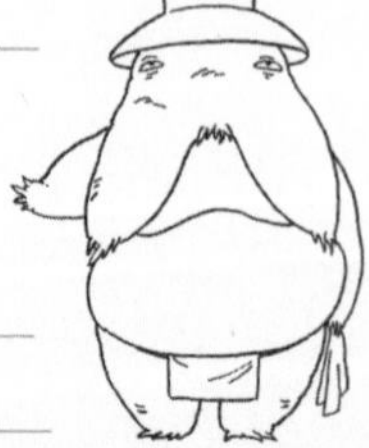

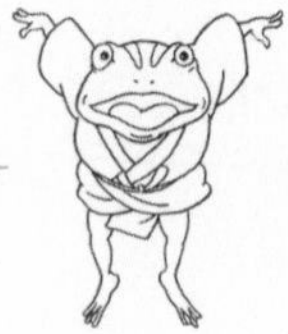

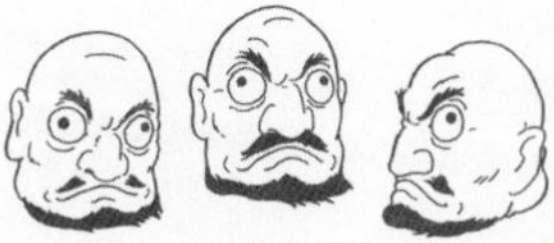

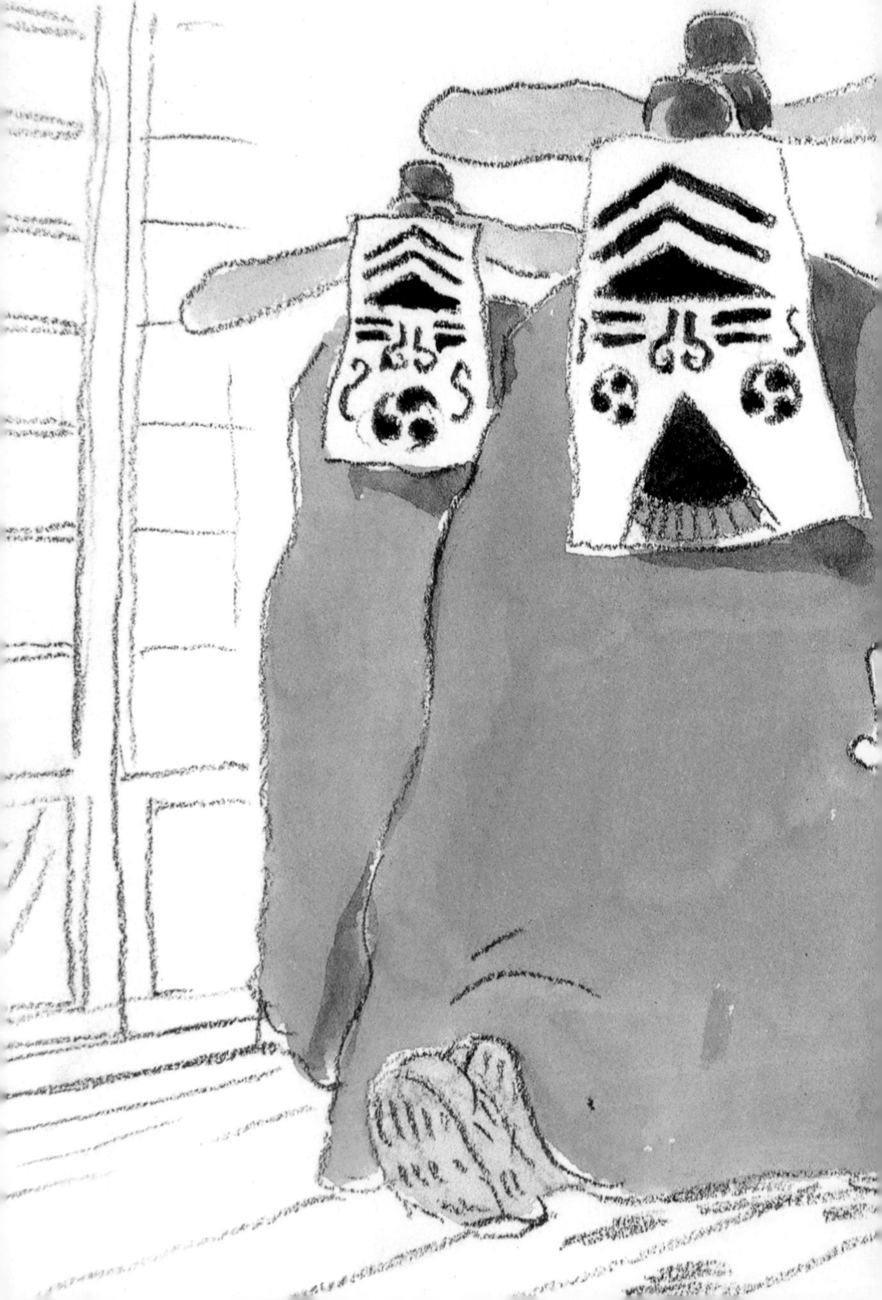

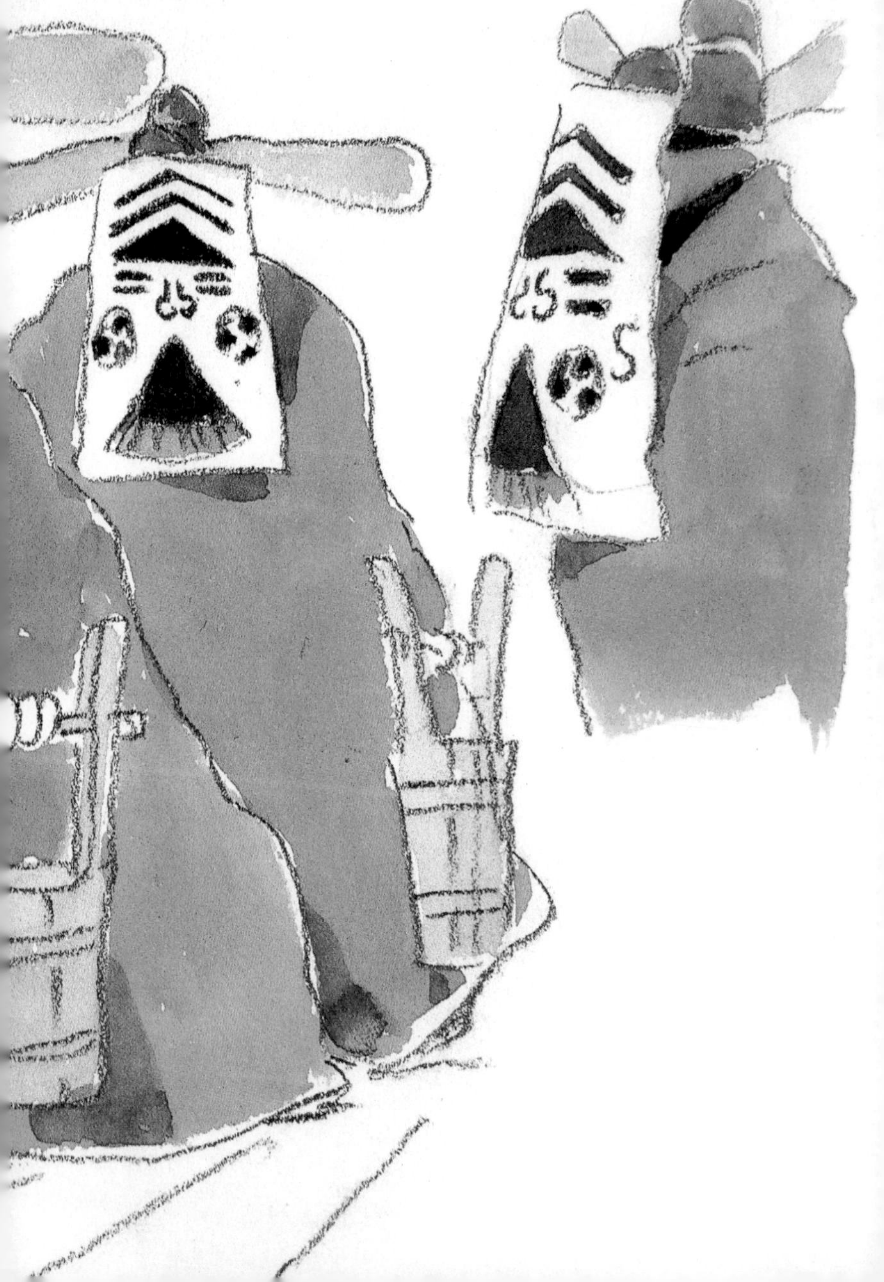

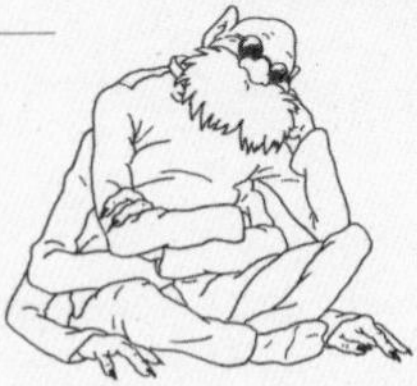

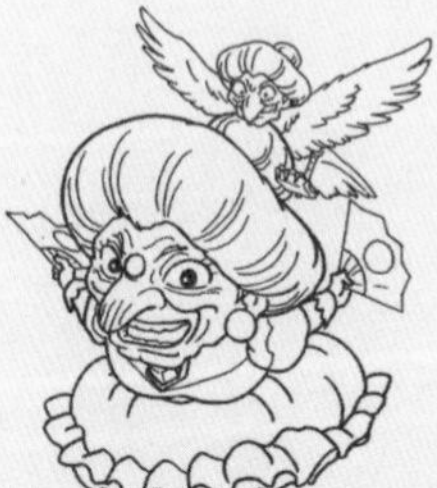

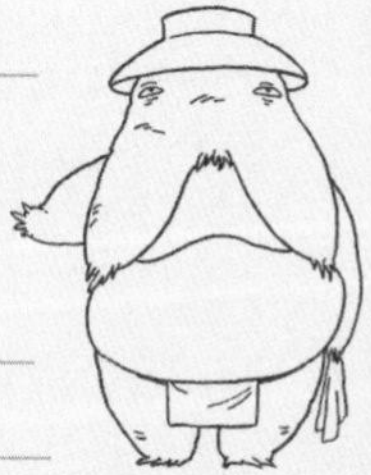

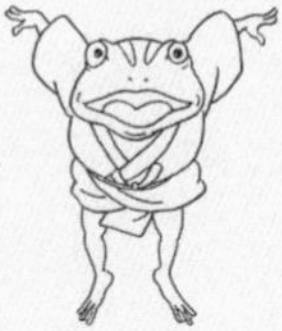

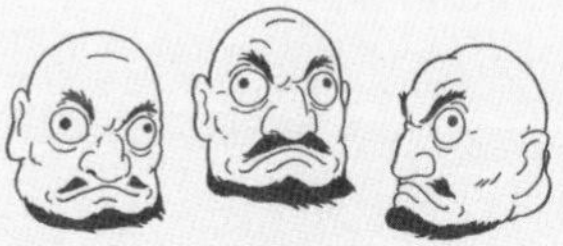

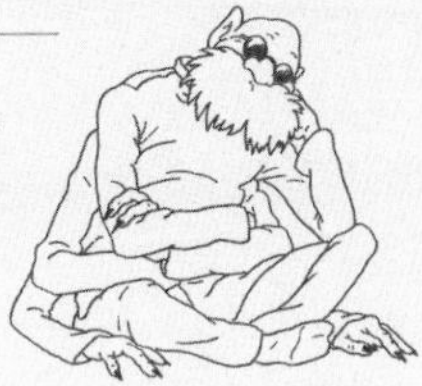